THEATER IM GEWÖLBE
Die Klassik-Bühne im Cranach-Haus
THÜRINGER TANZ-AKADEMIE

Faszinierendes

Weimar

Bilder von

Tina und Horst Herzig

Texte von

Ernst-Otto Luthardt

Flechsig

OLOMITI
HOFAPOTHEKE
DER FLIEGER

MODE
MODE
ATLASREISEWELT

Erste Seite:
Nachdem das Weimarer Nationaltheater im Bombenhagel des 9. Februar 1945 bis auf die Fassade und die Außenmauern zerstört worden war, eröffnete das jetzige Haus im Jahre 1948 – mit Goethes „Faust" – seine Pforten. Das Goethe-Schiller-Denkmal (1857) schuf Ernst Rietschel.

Vorherige Doppelseite:
Blick auf die Nordfront des Marktes, die 1945 ebenfalls dem Erdboden gleichgemacht worden war. Rechts ein Teil des Stadthauses mit seinem schönen Maßwerkgiebel, das aus dem Jahre 1547 datiert. Der Wiederaufbau erfolgte 1970.

Rechts:
Café Frauentor in der Schillerstraße. Als der Dichter sein Haus erwarb, lag dies am Rande der Stadt, „auf allen Seiten von Gärten und Anlagen umgeben. Die Vorteile einer Stadtwohnung vereinten sich mit den Annehmlichkeiten eines Gartenhauses" (F. Kühnlenz).

Seite 10/11:
Als am Abend des 2. Septembers 2004 aus der Herzogin Anna Amalia Bibliothek die Flammen loderten, schien es unvorstellbar, dass sie nach nur drei Jahren in altem Glanz wiedererstehen sollte.

Kürbissuppe
Omelette
Bandnudeln
Lachsfilet
Gänsekeule
mit Rotkohl
& Thüringer
Klöße

Inhalt

47

Kleine Stadt ganz gross: Weimar

Weimar ist der lebendige Beweis, dass sich Bertolt Brecht mit seiner These von der „durchschlagende(n) Wirkungslosigkeit“ der Klassiker geirrt hat. Die Großen sind zwar schon lange tot, erfreuen sich aber nach wie vor anhaltenden Zuspruchs – und machen Schlagzeilen. Im Frühjahr 2008 ging eine Meldung um die Welt, wonach der in der Weimarer Fürstengruft aufbewahrte Schädel Friedrich Schillers gar nicht der des Dichters sei. Mehr als 200 Jahre nach dessen Tod hatte ein Innsbrucker Gerichtsmediziner die DNA seiner angeblichen Hinterlassenschaft mit dem Erbgut eines engen Verwandten verglichen und herausgefunden, dass es keinerlei Übereinstimmung gibt. Diese Erkenntnis kam nicht nur völlig überraschend, sie entbehrte auch nicht einer gewissen Ironie: Der Autor, der die Geschichte des falschen Zaren Demetrius aufgenommen hatte, wurde am Ende selbst Gegenstand einer Vertauschung. Wundern tut das freilich nicht. Ging es doch schon bei Schillers Beerdigung recht merkwürdig zu. Ganze zwölf Männer, darunter der Bildhauer Martin Gottlieb Klauer und der spätere Bürgermeister Carl Leberecht Schwabe, gaben dem Toten das letzte Geleit, als der am 12. Mai 1805 nachts um ein Uhr im Kassengewölbe des Jakobskirchhofes, einer Grabstätte für Adelige und Bürgerliche ohne eigenes Erbbegräbnis, beigesetzt wurde. Goethes Schwager Christian August Vulpius, Autor des viel gelesenen Räuberromans „Rinaldo Rinaldini“, notierte denn auch wenige Tage später: „Die Menschen sind hier gar sonderbar. Es ist schon, als wenn gar kein Schiller unter ihnen gelebt hätte.“

21 Jahre später versuchte Schwabe unter 23 Schädeln den des Dichters herauszufinden. Derjenige, für den er sich – nach Rücksprache mit Schillers Diener – entschied, hatte erwiesenermaßen eine starke Ähnlichkeit mit dessen Konterfei und war außerdem der größte. Johann Wolfgang von Goethe holte ihn zu sich nach Hause, platzierte ihn auf ein blaues Samtkissen unter einen Glassturz und schrieb das Gedicht „Bei Betrachtung von Schillers Schädel“. Heute weiß man, dass ihn irgendein Namenloser, aber nicht Schiller inspiriert hat.

Sowohl der „Neue Friedhof“ mit der Goethe- und Schiller-Gruft als auch der ältere Jakobskirchhof gehören zum Pflichtprogramm eines Weimar-Besuches. Ermöglichen sie doch eine spannende Reise durch die Kultur- und Geistesgeschichte der Stadt.

Zeiten und Menschen

Der Name Wimares tauchte erstmals im Jahre 975 im Zusammenhang mit einem Fürstentag auf. Aus den hiesigen Burggrafen erwuchs das einst so bedeutende Geschlecht derer von Orlamünde. Die Stadt selbst wurde 1254 zum ersten Mal genannt. 1372 ging sie an die wettinischen Markgrafen von Meißen. 1445 wurde sie Residenz des Herzogs Wilhelm III. Vier Jahrzehnte später begann ihr Dornröschenschlaf als ernestinische Nebenresidenz. Daraus erwachte sie erst Mitte des 16. Jahrhunderts. Die Hauptstadt des Herzogtums Sachsen-Weimar besaß damals rund 2500 Einwohner.

Das erste, wenngleich sehr kurze Kapitel der weimarischen Kulturgeschichte schrieb Lucas Cranach d. Ä., der im hohen Alter hierher übergesiedelt war und 1553 auf dem Jakobskirchhof seine letzte Ruhestätte fand. 1617 wurde im Schloss die – auch „Palmorden" geheißene – „Fruchtbringende Gesellschaft" gegründet, zu deren Mitgliedern unter anderem Weimarer und Köthener Herzöge sowie berühmte Dichter wie Martin Opitz, Andreas Gryphius und Friedrich von Logau gehörten. Sie stellten es sich zur Aufgabe, „die Muttersprache in ihrem gründlichen Wesen und rechten Verstande, ohne Einmischung fremder ausländischer Flickwörter" zu erhalten – was ihnen heutzutage mit Sicherheit nicht weniger Arbeit bescheren würde.

Nachdem 1650 bereits eine ständige Hofkapelle ihre Tätigkeit aufgenommen hatte, gründete Herzog Wilhelm Ernst nicht nur eine der ersten Opernbühnen Deutschlands (1696), sondern legte auch den Grundstock für die heutigen hochkarätigen Kunstsammlungen. Entgegen allen Unkenrufen versank Weimar nach der Hoch-Zeit der Klassik nicht in Bedeutungslosigkeit, sondern festigte im Gegenteil seinen Ruf als Kulturstadt. So spielte hier „ein Teil der Musikgeschichte des 19. Jahrhunderts und ein Teil der Entwicklungsgeschichte der deutschen Malerei" (Fritz Kühnlenz). Franz Liszt und seine Mitstreiter setzten sich für die „Zukunftsmusik" ein. Franz Lenbach, Arnold Böcklin, Christian Rohlfs und andere Lehrkräfte bereiteten der „Weimarer Malerschule" Bahn. Nachdem Henry van de Velde der Kunstschule von 1860 eine Kunstgewerbeschule angegliedert hatte, gingen beide nach dem Ersten Weltkrieg in dem von Walter Gropius gegründeten staatlichen Bauhaus auf. Paul Klee, Wassily Kandinsky, Lyonel Feininger, Gerhard Marcks und andere Meister sahen in der Aussöhnung von Theorie und Praxis, Handwerk, Kunst und Technik das Gebot der Stunde.

In dem von den Nationalsozialisten auf dem Ettersberg errichteten Konzentrationslager Buchenwald kamen mehr als 50 000 Menschen zu Tode – was bis heute wie ein dunkler Schatten über der Stadt liegt. Danach, in der DDR, sorgte man sich zwar um das geistig-kulturelle Erbe, nicht aber um die Bausubstanz. Nach der deutschen Wiedervereinigung war in dieser Hinsicht besonders viel zu tun.

Entgegen gewissen Vorurteilen dreht sich in der europäischen Kulturhauptstadt des Jahres 1999 viel, aber nicht alles um Goethe und Co. Die Besucher erwartet ein viel-

In seinem Haus am Frauenplan, einem zweigeschossigen schlichten Barockbau von 1709, lebte und arbeitete Goethe 47 Jahre. Es beherbergt unter anderem große Teile der „mit Plan und Absicht" zusammengetragenen kunst- und naturwissenschaftlichen Sammlungen. Allein die Handbibliothek umfasst 5400 Titel.

Der Goethepark ging aus einem fürstlichen Lustbeziehungsweise einem „Welschen Garten" hervor. Der Dichter lieferte nicht nur Ideen und Anregungen für die Gestaltung, sondern legte auch selber mit Hand an.

fältiger Veranstaltungskalender mit Konzerten, Aufführungen und Ausstellungen. Und alljährlich im Herbst der berühmte Zwiebelmarkt, Thüringens größtes Volksfest.

Aufbruch im Zorn

Im Sommer 1708 trat Johann Sebastian Bach bei Herzog Wilhelm Ernst in Weimar die Stelle eines „Hoforganisten und Kammermusikus" an. Die Stadt war ihm nicht fremd. 1703, achtzehnjährig, hatte er bereits ein kurzes Zwischenspiel als Violinist und Bratschist in dem vom Bruder des regierenden Herzogs unterhaltenen Ensemble gegeben.

Von Bachs Wirkungsstätten ist nur das „Rote Schloss" geblieben. Hier hatte die Hofkapelle ihren Sitz. Sie zählte ungefähr zwanzig Mitglieder, die nicht nur zu musizieren, sondern – im Zweitberuf – auch zu jagen, zu kochen und zu bedienen hatten. Wenn sie ihrem Herrn eine besondere Freude machen wollten, traten sie in Kostümen auf. „Das Gehöre des Fürsten", so ein zeitgenössischer Chronist, „belustigten zuweilen in Heiducken-Habit gekleidete, wohlabgerichtete Musikanten." Zumindest Bach versuchte sich der Abrichtung zu widersetzen. Hinzu kam, dass nach dem Tode Johann Samuel Dreses nicht er, sondern dessen völlig unbedeutender Sohn mit der Leitung der Hofkapelle beauftragt wurde. Bach war so verärgert, dass er dem Herzog keine neuen Kompositionen mehr lieferte – was eigentlich seine Pflicht gewesen wäre. Als sich der Konflikt immer weiter zuzuspitzen begann, kam ihm das Angebot als „Hochfürstlich Anhalt-Cöthenischer Kapellmeister" gerade recht. Seine Ernennung vom 5. August 1717 hatte allerdings einen Haken. Stand er doch zu diesem Zeitpunkt noch bei Herzog Ernst Wilhelm in Amt und Brot.

Und der reagierte ausgesprochen sauer. In den Akten des Staatsarchivs Weimar heißt es dazu: Am 6. November sei „der bisherige Concert-Meister und Hof-Organist Bach, wegen seiner Halßstarrigen Bezeugung und zu erzwingender Dimission, auf der Land Richter-Stube arretiret, und endlich d. 2. Dec. Darauf, mit angezeigter Ungnade, Ihme die dimission durch den Hof Secr. angedeutet, und zugleich des arrests befreyet worden". Anfang Dezember verließ Bach Weimar. Es lag Schnee und es war kalt. Die Familie bestand aus sechs Personen. Sechs Kinder waren geboren worden, zwei blieben auf dem Friedhof zurück. Während seines neunjährigen Aufenthaltes in Weimar schrieb Bach ein Großteil seiner freien Orgelkompositionen und viele Choralbearbeitungen. Dazu etliche bekannte Kantaten wie „Nun kommet der Heiden Heiland" oder „Wachet, betet, seid bereit allzeit". Er hatte also bereits einen Namen. Als er einmal in einem Nachbardorf die Orgel zum Jubilieren brachte, stand für die Leute draußen fest: „Das kann nur Bach oder der Teufel sein!"

Parkspaziergang

Neben den zwei historischen Friedhöfen und den Gebäuden mit den Wohn- und Wirkungsstätten der Dichter und Denker zählt der Goethepark zu den meistbesuchten Sehenswürdigkeiten der Stadt. Mit Römischem

Die Grabstätte der Familie Goethe auf dem „Neuen Friedhof vor dem Frauentor“. Das Marmorbild wurde von dem Thorwaldsen-Schüler Jens Adolf Jerichau geschaffen. Es stellt Alma, Goethes jüngste Enkeltochter dar, die 1844, kaum siebzehnjährig, verstarb.

Haus und Tempelherrenhaus, Borkenhäuschen sowie Shakespearedenkmal gibt es interessante Hinterlassenschaft aus Weimars großer Zeit zu entdecken.
Als Goethe am 7. November 1775 in der Stadt eintraf, entdeckte er an dem rechten Ufer der Ilm einen verwilderten Garten nebst Häuschen im gleichen trostlosen Zustand. Das Grundstück wurde seines und gründlich hergerichtet. Wege, Terrassen und Beete für Gemüse und Blumen entstanden, dazu, als „Altar des guten Glücks“, ein großer steinerner Würfel mit darauf ruhender Kugel.
Goethe sehnte sich nach „Land-, Wald- und Gartenatmosphäre“. Als es dann soweit war, schrieb er Frau Charlotte von Stein einen begeisterten Brief: „Zum ersten Mal im Garten geschlafen und nun Erdkulin (aus dem elsässischen Sagenschatz; soviel wie Erdmännchen) für ewig.“ Ihr Haus war nicht weit entfernt. Wenn ihm die Nähe doch zur Ferne geriet, schickte er Briefe, Zettel, Bekenntnisse, Vorwürfe, Klagen, Rufe über den Fluss. Die Inschrift am Ruheplätzchen hinter dem Gartenhaus beginnt so: „Hier im stillen gedachte der Liebende seiner Geliebten ...“
Goethe gärtnerte mit Begeisterung. Zog Salat und Radieschen, Spargel, Erdbeeren und Wein. Brachte Buchen, Fichten, Kiefern, Zedern, Jasmin und Malven in die Erde. Danach ging ihm das Schreiben umso besser von der Hand. So arbeitete er hier am „Wilhelm Meister“, an der Prosafassung der „Iphigenie“ und am „Torquato Tasso“.
Wenn der Herzog, die Dichterkollegen und die Freunde mit ihren Familien zu Besuch kamen, erwies sich Goethe nicht nur als der Musen, sondern auch der Kinder Freund. Spielte „Jagd im Garten“ mit ihnen und versteckte Ostereier.

Der Musen Höfe

Wie wohl sich die Töchter des Zeus und der Mnemosyne im klassischen Weimar fühlten, erkennt man daran, dass sie hier gleich mehrere Dependancen unterhielten. So das Wittumspalais, der Witwensitz der Herzoginmutter. Die von ihr veranstalteten Tafelrunden sahen berühmte Persönlichkeiten als Gast. Deren Auslassungen und den anschließenden geistvollen Disputen durften übrigens auch nicht zur Hofgesellschaft gehörende Bürger lauschen – vorausgesetzt, sie hielten es mit der Sauberkeit. Ein geflickter Rock oder ein ausgebessertes Beinzeug wurden hingegen toleriert.
Der Ostflügel des Wittumspalais beherbergt heute das Wieland-Museum. Als enger Vertrauter der Herzoginmutter spielte dieser bedeutende Gelehrte und Dichter der deutschen Aufklärung den Verbindungsmann zwischen ihr und den Musen. An der Antike interessierte ihn vor allem das Erotische. Doch seine wiederholten Versuche, es in die Literatur und sein Privatleben zu übertragen, brachten ihm nicht nur Freuden und Freunde.
Die Sommer über trafen sich Weimars „große und gute Geister“ in Tiefurt. Jenseits der höfischen Zwänge übte man sich hier im Philosophieren und in der Poesie, der

Oben:
Eingangstor der Nationalen Mahn- und Gedenkstätte Buchenwald. In dem ehemaligen Konzentrationslager wurden erst unter den Nazis und später auch unter den Sowjets Hunderttausende von Menschen gequält und mehrere Zehntausende umgebracht.

Seite 18/19:
Nach dieser Kolossalbüste – die Wissenschaft ist sich nicht ganz einig, ob es sich um das Bildnis der Göttin Juno oder eine historische Frauengestalt handelt – erhielt das sogenannte Junozimmer im Goethehaus seinen Namen. Es diente sowohl als Empfangs- als auch als Musikraum.

Schauspielerei und Kunst. Und setzte sich selbst Denkmale: Während eine Pyramide mit einem Schmetterling – Sinnbild des Genius – an Johann Gottfried Herder erinnert, ist Christoph Martin Wielands, des „Alten von Tiefurts", Lieblingsplatz am Flussufer mit Goethescher Poesie und Schadowschem Bildwerk geschmückt. Klauers allegorische Plastik des Knaben Amor, der mit der Spitze eines Pfeiles eine Nachtigall füttert und sie vergiftet, huldigt der bildschönen klugen Schauspielerin Corona Schröder. Von Georg Melchior Kraus stammt das Aquarell, das jene Sommernacht des Jahres 1782 überliefert. Im gespenstischen Licht nähert sich auf der Ilm ein Nachen. Zwischen den Bäumen Schilfhütten und davor die Schröder als Fischerin – wie auch der Titel des von Goethe auf diese zwitterhafte „Wald- und Wassernatur" zugeschnittenen Schauspiels lautete. Fürst Pückler, der große Garten- und Lebenskünstler, war mehrmals in Weimar. So auch in Ettersburg, einem weiteren Musenhof, wo er, mit blutendem Herzen, die großen Hauungen von 1845 leitete.

„O du fröhliche ..."

Weimars Altstadt ist dem Weihnachtsmarkt eine besonders romantische Kulisse. Darüber hinaus entstand hier eines unserer schönsten und bekanntesten Lieder zum Fest Christi Geburt. Im Jahre 1776 wurde Herder, einer der großen Gestalten der klassischen Literatur und besonders um das bis dato gering geschätzte Volkslied bemüht, als Hofprediger angestellt. Als enger Vertrauter Anna Amalias begleitete er diese 1788/89 auf eine Reise nach Italien und brachte von dort eine alte sizilianische Volksweise mit. Er selbst hielt sie für ein „Schifferlied". Der Originaltext hingegen – „O sanctissima, o piissima ..." – scheint dem zu widersprechen. Wie dem auch sei, das Lied gefiel, und 1816, dreizehn Jahre nach Herders Tod, verfasste Johannes Daniel Falk, aus Danzig nach Weimar gekommen, jenen neuen Text, den wir alle kennen und lieben: „O du fröhliche ..."
Bliebe noch zu sagen, dass Goethe in seinem Briefroman „Die Leiden des jungen Werther" den Weihnachtsbaum in die schöne Literatur eingeführt hat: Am „Sonntag vor Weihnachten kam er (Werther) Abends zu Lotten, und fand sie allein. Sie beschäftigte sich, einige Spielwerke in Ordnung zu bringen, die sie ihren kleinen Geschwistern zum Christgeschenke zurecht gemacht hatte. Er redete von dem Vergnügen, das die Kleinen haben würden, und von den Zeiten, da Einen die unerwartete Oeffnung der Thür und die Erscheinung eines aufgeputzten Baumes mit Wachslichtern, Zuckerwerk und Aepfeln in paradiesische Entzückung setzte."

Rechte Seite:
Die Stadtkirche ist eng mit dem Wirken Johann Gottfried Herders verbunden, dessen Namen sie auch trägt. Der große Dichter und Denker war 26 Jahre Oberpfarrer und Generalsuperintendent. Das große Altarbild stammt von Lucas Cranach d. Ä. Nach seinem Tod wurde es von seinem Sohn vollendet.

„Wählen Sie Weimar zu Ihrem Wohnort ...“

... riet Goethe seinem Sekretär Johann Peter Eckermann und begründete: „Wo finden Sie auf einem so engen Raum noch so viel Gutes ... Es gehen von dort die Tore und Straßen nach allen Enden der Welt.“

Das Gespräch spielte 1823. Da hatte sich die Wielandsche Prophezeiung – „Und wenn's möglich ist, daß aus Weimar was Gescheites werde, so wird es seine (Goethes) Gegenwart wirken“ – erfüllt und das mickrige Provinzstädtchen sich mächtig gemausert. Und zwar dank der Teamarbeit zwischen dem Genie Goethe und dem einsichtigen Staatschef Carl August. Das Zusammentreffen dieser Männer und ihre Freundschaft war eine echte Sternstunde. Anders gesagt: „Mit dem Regierungsantritt Carl Augusts 1775 beginnt Weimars große Zeit.“ (Georg Menchén)

Zuvor gab es zugegebenermaßen wenig Anlass für Elogen – im Gegenteil. Weimar, so die gescheite, welterfahrene Madame de Staël, „war keine kleine Stadt; es war ein großes Schloß, wo eine ausgesuchte Gesellschaft sich mit Teilnahme über jedes neue Kunstproduct unterhielt“. Auch die Großen, die es inzwischen hierher gezogen hatte, ließen es an Ironie nicht fehlen. Schiller hieß seine Wahlheimat ein Dorf. Herder sprach vom „wüste(n) Weimar“. Die Häuser waren klein und unansehnlich, die Straßen voller Schmutz.

Davon sollte man wissen, wenn man heute durch Weimar bummelt und den Spuren jener genialischen Leute folgt, die die Stadt – man muss das so deutlich sagen – aus dem Dreck herausgezogen und zu dem gemacht haben, was sie heute ist: ein Ort mit „Höhenluft, die dem Körper gut tut“ und „Feiertagsluft, in der die Seele sich wohlfühlt“ (Ernst von Wildenbruch).

Oben:
Das Cranachhaus am Markt wurde 1547–49 von dem Weimarer Baumeister Nikolaus Gromann errichtet. Der berühmte Maler wohnte hier vom 26. September 1552 bis zu seinem Tod am 16. Oktober 1553.

Links:
In den Weimarer Kunst- und Antiquitätengeschäften harrt so manches „Schnäppchen" seiner Entdeckung.

Das Goethehaus am Frauenplan in nächtlicher Illumination. Der Name des Platzes stammt von einer Unserer Lieben Frau gewidmeten Kapelle, die schon Anfang des 16. Jahrhunderts verschwand. Der Brunnen datiert von 1822.

Nach seiner Rückkehr aus Italien ließ Goethe das Haus am Frauenplan aufwändig umbauen. So erhielt es auch ein neues, großzügiges Treppenhaus. Der Eingang in die erste Etage wird von einer Kopie der sogenannten Ildefonso-Gruppe geschmückt.

„Sein Haus frappiert: es ist das einzige in Weimar im italienischen Geschmack, mit solchen Treppen, ein Pantheon von Bildern und Statuen", schwärmte 1796 Jean Paul von Goethes Wohnsitz. Die meisten antiken Plastiken finden sich im sogenannten Büstenzimmer (oben), das die Mitte des Vorderhauses mit dem Hintergebäude verbindet. Aber auch in anderen Räumen umgab sich der Hausherr mit Abgüssen von Statuen, die die Erinnerung an seinen Italien-Aufenthalt wach hielten.

Rechts das Goethehaus, links der Gasthof „Zum Weißen Schwan", das älteste Gebäude am Frauenplan. Hier logierten unter anderem Schiller, Eckermann, Zelter, Böcklin, Lenbach, Liszt und Cornelius.

Blick auf die Westseite des Frauenplans. Der dreieckige Platz erhielt, nach der Niederlegung des Frauentors, im 18. Jahrhundert seine jetzige Gestalt. Das heißt, er wurde gepflastert und bebaut.

Gleich der Nordseite des Marktes ging auch die des Frauenplans im Bombeninferno des Zweiten Weltkriegs unter. Anstelle der verschwundenen Bebauung gibt es dort jetzt eine kleine Grünanlage.

Mit dem Namen dieses Geschäftes am Frauenplan verbinden Goethefreunde dessen berühmtes Gedicht „Ginkgo Biloba“, das er im Jahre 1815 seiner späten Liebe Marianne von Willemer widmete.

Seite 26/27: Im Hintergrund Schillers Wohnhaus, im Vordergrund der Gänsemännchenbrunnen, eine 1864 entstandene Nachbildung der bekannten Nürnberger Brunnenfigur. Die Anregung dazu stammte von Goethe.

Rechts, oben und unten: In seinem Haus an der Esplanade waren Schiller nur drei Jahre vergönnt. In dieser Zeit entstanden „Die Braut von Messina", „Die Huldigung der Künste" und „Wilhelm Tell" sowie die ersten beiden Akte des „Demetrius".

Rechte Seite: Während sich im Erdgeschoss die Wirtschaftsräume befanden und das zweite Stockwerk von seiner Frau und den Kindern genutzt wurde, gehörte Schiller die Mansarde. Hier ist alles wie zu seinen Lebzeiten eingerichtet.

Linke Seite:
Im Hintergrund der Turm des Schlosses, im Vordergrund das Wohnhaus der Frau von Stein. Goethes vertraute Freundin wohnte hier fünf Jahrzehnte bis zu ihrem Tod am 6. Januar 1827.

Hoch zu Ross, in der Pose eines römischen Imperators, thront der Weimarer Großherzog Carl August auf dem Platz der Demokratie. Das Denkmal wurde von Adolf Donndorf geschaffen. Rechts ein Teil des ehemaligen Fürstenhauses, heute Musikhochschule „Franz Liszt", links die Herzogin Anna Amalia Bibliothek.

Das Bachdenkmal wurde 1950 eingeweiht, zwei Jahre später wieder entfernt und 1995 erneut aufgestellt. Der große Tonschöpfer wirkte, nachdem er bereits 1703 ein kurzes Zwischenspiel als Violinist und Bratschist gegeben hatte, von 1708 bis 1717 als Konzertmeister in Weimar.

Seite 32/33:
Blick auf die Ostseite des Marktes. Rechts das Cranachhaus, ein dreigeschossiger Renaissancebau mit zwei Zwerchhäusern. Links das Stadthaus, von dem nach dem Zweiten Weltkrieg nicht mehr viel übrig geblieben war.

Tourist Information

Das neugotische Rathaus von 1842 steht an der Westseite des Marktes. Und zwar an jener Stelle, an der sich vorher bereits das alte Ratsgebäude befunden hatte. Die Pläne lieferte Heinrich Heß.

Der „Russische Hof“ – vormals „Alexanderhof“ – wurde 1803 erbaut und diente anfangs sowohl als Post als auch als Hotel. In der klassischen und nachklassischen Zeit war er einer der bekanntesten Treffpunkte von Künstlern und Gelehrten.

Bibliothek und Treppenhaus des Hotels „Elephant". 1651 erstmals erwähnt, wurde es mit und durch Goethe weltweit bekannt. Viele, die seinetwegen nach Weimar kamen, quartierten sich hier ein. Es war, wie Grillparzer treffend formulierte, das „Vorzimmer zu Weimars lebender Walhalla". Thomas Mann brachte den „Elephanten" mit dem Roman „Lotte in Weimar" sogar in die Weltliteratur ein.

Das heute das bekannte Restaurant „Gastmahl des Meeres" beherbergende Deutschritterhaus am Herderplatz zählt zu den ältesten Gebäuden der Stadt und kann sich eines gotischen Kreuzgewölbes aus dem 13. Jahrhundert rühmen. Die Fassade datiert aus der Mitte des 16. Jahrhunderts. Prominentester Besitzer war Herzog Carl August, der hier seine Geliebte einquartierte.

Blick in den Innenhof des Kirms-Krackow-Hauses. Zu den Freunden und Gästen der Besitzer zählten unter anderem Goethe und Schiller und ihre Kollegen Iffland, Kotzebue und Falk, der Maler Preller sowie die Komponisten Hummel und Liszt. Auch Hans Christian Andersen, der Märchendichter, war hier einst zu Gast.

„Was der Frühling nicht säte, kann der Sommer nicht reifen, der Herbst nicht ernten, der Winter nicht nützen", schrieb Johann Gottfried Herder. Nachdem der Garten hinter seinem Haus das frühere Aussehen zurückerhalten hat, findet man dort auch etliche historische Blumen- und Gemüsearten.

Seite 38/39:
Im Vordergrund das Goethe-Schiller-Denkmal, im Hintergrund das Nationaltheater. Das jetzige Gebäude hatte zwei Vorgänger, die – eröffnet mit der Uraufführung von Schillers Drama „Wallensteins Lager" (1798) – Schauplatz großer deutscher Theatergeschichte waren.

Georges Biz
Carmen

großes haus

Auf dem Jakobskirchhof, Weimars ältester Begräbnisstätte, fanden unter anderem Cranach, der Bildhauer Martin Gottlieb Klauer, der Märchendichter Johann Karl August Musäus und zunächst auch Schiller ihre letzte Ruhestätte. Das säulengeschmückte Grabmal im Vordergrund erinnert an den Handwerker G. A. Zimmermann, der bei Rettungsarbeiten während des Schlossbrandes von 1774 zu Tode kam.

Der Bürgerschulbrunnen vor der Musikschule erhielt vor etwa 150 Jahren sein heutiges Aussehen. Damals wurde die hölzerne Anlage durch eine gusseiserne klassizistische Säule, auf der ein lesender Knabe im goldenen Gewand thront, ersetzt.

1895 stiftete der Bildhauer Adolf Donndorf seiner „Vaterstadt in Liebe und Dankbarkeit“ den nach ihm benannten Brunnen. Die Plastik stellt eine Wasser holende Mutter mit ihren zwei Kindern dar.

1968 bekam Weimar am Kegelplatz das weltweit erste Albert-Schweitzer-Denkmal. Das Haus im Hintergrund, das einst dem Märchendichter Musäus gehörte, birgt heute eine Gedenk- und Begegnungsstätte, die die Erinnerung an den Urwalddoktor und Menschenfreund wach hält.

Die malerische Seifengasse liegt direkt am Frauenplan. Das heißt, ihr Pflaster hat mit Sicherheit auch schon Herrn Goethe getragen …

Ein Spaziergang durch Weimar ist nicht nur lehrreich und vergnüglich, sondern auch anstrengend. So bedarf es zwischendurch der Erholung und Stärkung. Wenn man dabei noch die Beine hochlegen kann, tut das besonders gut.

1859/60 ließ die Großherzogin Maria Pawlowna für die von ihr gegründete „Lesegesellschaft“ dieses Gebäude errichten, das mit seiner offenen ionischen Säulenhalle den Niketempel auf der Athener Akropolis zitiert. Das Gebäude links neben dem „Lesemuseum“ beherbergt das Jugend- und Kulturzentrum „mon ami“.

Eisdiele beziehungsweise Straßencafé in der Schillerstraße. Der Dichter hätte freilich seine Probleme damit gehabt. War er doch extra wegen der „sehr unruhigen Straße“ aus seiner vorherigen „geräuschvollen Wohnung“ in der Windischengasse hierher umgezogen.

Rostbratwurst und Klöße sind zweifelsohne die bekanntesten Spezialitäten auf Thüringens Speisekarte. Doch auch hier ist Wurst nicht gleich Wurst und Kloß nicht gleich Kloß. Das heißt, es kommt auf die Zubereitung an.

In Weimar gibt es nicht nur einen – mittlerweile zu Thüringens größtem Volksfest gewachsenen – berühmten Markt, bei dem sich (fast) alles um die Zwiebel dreht, sondern auch ein Restaurant, das die siebenhäutige Knolle in seinem Namen führt („Zum Zwiebel“).

Vom Café Frauentor zum Goethehaus ist es nur ein Katzensprung. Herr Geheimrat wäre, schon der Damenwelt wegen, bestimmt das eine oder andere Mal vorbeigekommen.

Thüringische Spezialitäten und anderes kann man im Restaurant „Zum Zwiebel“ auch unter freiem Himmel genießen.

Weimars Häuser erzählen von guten und schlechten Zeiten. Vom Leben und Sterben. Über ihre Besitzer und Bewohner, aber auch über sich selbst. Um ihre Geschichten, die lustigen und die traurigen, zu erfahren, braucht man ihnen nur ins Gesicht zu schauen. Doch Vorsicht: Auch Häuser können mehr beziehungsweise anderes vortäuschen als das, was hinter ihrer Fassade steckt.

Rechts:
Christoph Martin Wieland, der bedeutendste Prosadichter und Verserzähler der deutschen Aufklärung, wurde 1772 Prinzenerzieher am Weimarer Hof.

Ganz rechts, oben:
Ludwig van Beethoven gehörte zu jenen, die Goethe nicht nur bewunderten …

Ganz rechts, Mitte:
Das Puschkindenkmal neben der Herzogin Anna Amalia Bibliothek wurde 1949, zum 150. Geburtstag des russischen Nationaldichters, aufgestellt.

Rechts:
Im Goethe-Café sind auch „Schillerlocken“ zu haben. Das heißt, die Zusammenarbeit der beiden dauert offensichtlich auch über den Tod hinaus an.

Ganz rechts:
Zu Schillers Zeiten gab es den Gänsemännchenbrunnen gegenüber seinem Wohnhaus noch nicht. Er wurde erst rund 60 Jahre nach seinem Tod errichtet.

Was wäre Weimar ohne Goethe? Ob als Skulptur, in Gips, als Scherenschnitt oder zwischen Buchdeckeln – der Olympier ist überall gegenwärtig. Kaum ein anderer Name ist mit der Stadt so verbunden wie der des Dichterfürsten und bedeutendsten Vertreters der Weimarer Klassik.

Goethe zufolge, und der musste es ja von sich selber her wissen, sind Sammler glückliche Menschen. Dem wäre noch hinzuzufügen, dass davon auch – siehe Foto – die Antiquitätengeschäfte profitieren.

Die erste Erwähnung des Weimarer Zwiebelmarktes datiert vom 4. Oktober 1653. Der „Viehe- und Zippelmarkt", der ursprünglich am Frauenplan und auf der heutigen Schillerstraße stattfand, erstreckt sich heute über die gesamte Altstadt.

Floristen brauchen sich in Weimar weder um Kundschaft, noch um Nachschub zu kümmern. Liegen doch jene Erfurter Gärtnereien, von denen ein altes Sprichwort sagt, dass ihre Blumen so gern gesehen seien wie schöne Mädchen, in unmittelbarer Nachbarschaft.

Der Töpfermarkt ist längst zu einer festen Größe in Weimars Veranstaltungskalender geworden. Die Aussteller kommen zum Teil von weit her.

Trugen zu DDR-Zeiten nur die wichtigsten Vorzeigeobjekte Farbe, wurde nach der Wiedervereinigung die gesamte Altstadt – hier die Vorwerkgasse – Schritt für Schritt saniert und des Ansehens wieder wert.

Das Dorint Hotel liegt direkt am Goethepark. Das Ambiente des Vier-Sterne-Hauses wird durch die gelungene Verbindung von Jugendstil und Bauhaus geprägt.

Im Palais Schardt verbrachte Charlotte von Stein ihre Kindheit und Jugend. Hier lernte sie auch den jungen Goethe kennen, dessen Namen der von einem Duftgarten umgebene Pavillon trägt.

Es muss nicht immer nur Goethe und Schiller sein – beim Bummeln durch Weimars idyllische Gässchen lässt sich so manches Kleinod entdecken – hier die Schlossgasse.

Friedrich Nietzsche verbrachte die letzten drei Jahre seines Lebens in geistiger Umnachtung in der Villa „Silberblick“, die heute das Nietzsche-Archiv beherbergt. Neben Erdgeschoss und Vestibül gestaltete Henry van de Velde auch das Portal.

Das „Haus am Horn“ wurde anlässlich der ersten großen Bauhausausstellung im Jahre 1923 von Georg Muche errichtet. Es sollte der Prototyp für eine Siedlung werden, die aber nie zur Ausführung kam.

Die Bauhaus-Universität gründet sich auf lange und große Traditionen. Ihr Hauptgebäude ist der sogenannte Van-de-Velde-Bau (oben) aus dem Jahre 1911. Bereits 1905/06 hatte der belgische Multi-Künstler die Großherzogliche Kunstgewerbeschule errichtet, die Walter Gropius 1919 mit der Maler- und Bildhauerschule zum Bauhaus zusammenschloss. Dessen Tätigkeit stand unter dem Motto „Kunst und Technik – eine neue Einheit".

Das Museum für Ur- und Frühgeschichte wurde 1890 gegründet. Unter den interessanten Exponaten befinden sich späteiszeitliche Venusstatuetten sowie Goldschmiedearbeiten aus dem berühmten Fürstinnengrab bei Haßleben und der Grablege einer jungen ostgotischen Prinzessin in Oßmannstedt.

Das Thüringische Hauptstaatsarchiv verwahrt die Urkunden und Akten des Herzog- beziehungsweise Großherzogtums Sachsen-Weimar-Eisenach sowie des sogenannten Ernestinischen Gesamtarchivs. Untergebracht ist das Archiv in verschiedenen Gebäuden – hier in der Marstallstraße ist die Zeit ab 1920 dokumentiert.

In diesem Gebäude am Beethovenplatz residiert ebenfalls das Thüringische Hauptstaatsarchiv; hier ist die Zeit bis 1920 dokumentiert.

Das Neorenaissancegebäude des ehemaligen Großherzoglichen Museums beherbergt heute das Neue Museum, das den Protagonisten der zeitgenössischen Kunst gewidmet ist.

Seite 58/59:
Am 17. Mai 1776 schrieb Goethe an die Gräfin Stolberg: „Hab ein liebes Gärtgen vorm Tore an der Ilm schönen Wiesen, ist ein altes Häusgen drinne, das ich mir reparieren lasse …"

Linke Seite:
Das sogenannte Tempelherrenhaus im Goethepark ging aus einem Gewächshaus hervor, das 1786 zu einem im gotischen Stil gehaltenen und mit vier – Tempelherren darstellenden – Plastiken Klauers geschmückten Teesalon umgebaut wurde.

Carl August wünschte sich eine feste Sommerwohnung. Bedeutete Goethe: „Tue, als wenn du für dich bautest, unsere Bedürfnisse waren einander immer ähnlich." So entstand 1791–97 das Römische Haus.

Das Fresko von Heinrich Meyer im Inneren des Römischen Hauses aus dem Jahre 1798 zeigt Apollo, den Gott der Künste und der Musik, sowie die neun Musen.

Rechts:
Das Shakespeare-Denkmal im Goethepark wurde 1904 im Auftrag der Shakespeare-Gesellschaft von Otto Lessing geschaffen.

Ganz rechts:
Das Grab Charlotte von Steins auf dem Neuen Friedhof schmückt ein marmornes Medaillon mit dem Porträt der Verstorbenen, das Adolf Donndorf nach einer von ihrer Hand stammenden Zeichnung gestaltet hat.

Der Schlangenstein im Goethepark wurde 1787 von Martin Gottlieb Klauer nach antikem Vorbild gestaltet. Großherzog Carl August, der Auftraggeber, wollte damit dem „genio huius loci" huldigen.

Vom Sommer 1869 bis zu seinem Tod im Jahre 1886 lebte Franz Liszt in diesem ehemaligen Hofgärtnerhäuschen. Großherzog Carl Alexander, seinem großen Verehrer und Gönner, ist es zu verdanken, dass die Einrichtung im Original erhalten blieb.

Die russisch-orthodoxe Grabkapelle auf dem Neuen Friedhof hält die Erinnerung an die Großherzogin Maria Pawlowna wach, die sich nicht nur durch die Pflege des Geisteslebens, sondern auch durch verschiedene Aktivitäten für das Gemeinwohl große Verdienste erwarb.

Die Schlösser – Geschichte und Geschichten

In Weimar und an dessen grüner Taille laden gleich mehrere Schlösser zum Besuch ein. Die erste Burgstatt war das namensgebende „castrum Wymar“, das 1424 niederbrannte. Gleichfalls ein Raub der Flammen wurden die auf dessen Mauern errichtete Burg Hornstein sowie deren Nachfolgebau, die Wilhelmsburg, die im Jahre 1774 ein Blitz zerstörte. Angesichts dieser schwarzen Serie kann man verstehen, dass es den mit dem Wiederaufbau Beauftragten nicht ganz geheuer zumute war. In einem Brief Goethes heißt es dazu: „Wir haben wenigstens dieser Tage her uns mit dem Schlossbau-Plan so ernstlich beschäftigt, als ob wir dem friedlichen Reiche Salomonis entgegen sähen ...“

Doch diesmal ging alles gut. Die imposante Dreiflügelanlage – der vierte, südliche kam erst 1913/14 hinzu – erwies sich als fest. Sie beherbergt heute unter anderem eines der bedeutendsten Museen der neuen Bundesländer. Große Kunst-Begegnungen sind hier gewiss – mit Vater und Sohn Cranach zum Beispiel, oder mit Dürer, Grünewald, Rubens, Tintoretto, Ribera, Tischbein, Friedrich, Runge, Schwind, Preller, Böcklin, Monet, Rodin, Liebermann und den Bauhaus-Meistern.

Einen verheerenden Schlossbrand gab es danach trotzdem noch. Und zwar am Abend des 2. September 2004. Betroffen war diesmal das Grüne Schloss mit der berühmten Herzogin Anna Amalia Bibliothek. Der obere Teil wurde völlig zerstört, die unteren Stockwerke durch Feuer und Wasser schwer beschädigt. Die Verluste an wertvollen Büchern und Kunstwerken war enorm. Doch zum „Wunder von Weimar“ brauchte es nur drei Jahre. Schon am 24. Oktober 2007, dem Geburtstag der Namenspatronin, konnte die Bibliothek in altem Glanz wiedereröffnet werden.

Oben:
Das Schlösschen im Tiefurter Park ist in Größe und Aussehen vergleichsweise bescheiden. Anna Amalia, der Hausherrin, ging es weder um höfischen Prunk, geschweige um große Etikette, sondern einzig und allein um den vertrauten Umgang mit den Musen.

Links:
Die Mauern des – im Nordosten des Weimarer Landes gelegenen – Kromsdorfer Schlossparks dienen nicht nur der Bewehrung, sondern auch als Galerie. Die Büsten in den eingelassenen Nischen zeigen insgesamt 62 Kaiser, Könige, Fürsten sowie antike Persönlichkeiten im Porträt.

Der Barockgarten von Belvedere wurde zu Beginn des 19. Jahrhunderts zu einem Landschaftsgarten umgestaltet. Später wünschte sich Großherzogin Anna Pawlowna einen „Russischen Garten“ – der eigentlich zu einem französischen geriet. Jedenfalls konnte sie zwischen dessen Hecken, Beeten und Statuen ihren Erinnerungen leben, die ihr im „Irrgarten“ vermutlich am sichersten waren.

Das, zunächst Bellevue genannte, Rokokoschlösschen Belvedere war unter den vielen Bauten Herzog Ernst Augusts einer der wenigen, die ihn überlebten. Im Kopf Versailles und das große Frankreich, in Händen nur das kleine Sachsen-Weimar, musste er bei seinen Projekten sehr sparen – was ihre Lebensdauer erheblich begrenzte.

Belvederes Gartenkunst gründete sich von Anfang an auf den Bestand der Orangerie, der in Europa Maßstäbe setzte. Das als „Hortuas Belvedereanus" bei Bertuch erschienene Gesamtverzeichnis bezeugt das Können der weimarischen Gärtner. Manche der exotischen Kostbarkeiten trotzen hinter Glas schon über zwei Jahrhunderte den thüringischen Wintern.

Seite 68/69:
Im Vordergrund die Ilm mit der Mitte des 17. Jahrhunderts erbauten Sternbrücke, im Hintergrund das ehemalige großherzogliche Schloss.

Schlossansichten: „Die Lage Weimars ist artig … Die Stadt ist nur klein, und außer dem herzoglichen Palaste gibt es hier weiter keine großen Gebäude", schrieb der russische Dichter Nikolai Karamsin über seinen Besuch im Weimar des Jahres 1789. Was er zu Gesicht bekam, war – nach drei Bränden – bereits der vierte Schlossbau. Dessen Fertigstellung sollte sich noch weitere zehn Jahre hinziehen. Der südliche Flügel wurde sogar erst 1840 vollendet. Der südliche Querflügel mit dem Hauptdurchgang kam 1913/14 hinzu.

Seine heutige Gestalt erhielt das auf eine Wasserburg zurückgehende Residenzschloss erst nach dem Brand von 1774. Die Kunstsammlungen des Museums zählen zu den größten und bedeutendsten in den neuen Bundesländern. Daneben sind unter anderem auch die Verwaltung und Restaurierungswerkstätten der Klassik Stiftung Weimar hier untergebracht. Im Inneren zählen der Festsaal und das Gentzsche Treppenhaus zu den wichtigsten klassizistischen Raumkunstwerken Deutschlands.

Seite 72/73:
Wenn man dem Großherzog Carl August über die Schultern blickt, hat man diesen Blick auf den Turm und die sogenannte „Bastille“, die ältesten Teile des Residenzschlosses.

www.Lesa

COMMERZBANK

Seite 74/75:
Hinter den Bäumen, am Ende der Schillerstraße, versteckt sich das Wittumspalais. 1767 erbaut, erwarb es die Herzogin Anna Amalia nach dem Schlossbrand als Witwensitz und machte es zu einem geistigen Zentrum Weimars.

Bilder links und linke Seite: Das Rote Schloss datiert von 1574. Es diente zunächst als höfischer Witwensitz. Anfang des 18. Jahrhunderts, unter Herzog Ernst, zog dann die Hofkapelle ein. Danach beherbergte es die von Goethe mitbegründete Freie Zeichenschule sowie das Finanzministerium. Blickfang der Anlage sind – neben dem wappengeschmückten Portal – die Giebel und der mit einem Helm überdachte Eingang zur Wendeltreppe.

Seite 78/79:
August Friedrich Straßburger, der Baumeister des Eisenacher Schlosses, schuf mit dem über drei Geschosse reichenden ovalen Saal der Herzogin Anna Amalia Bibliothek ein Glanzstück des späten Rokoko.

Bilder links und linke Seite: Die Herzogin Anna Amalia Bibliothek gehört zu den größten und bedeutendsten Deutschlands. Nachdem das 1562–65 erbaute „Grüne Schloss" zunächst einem Bruder des damaligen regierenden Herzogs als Wohnung gedient hatte, veranlasste Anna Amalia 1761–66 dessen Umbau zur Bibliothek. Sie war es auch, die deren Bestände der Öffentlichkeit zugänglich machte. Goethe, dem ab 1797 die Beaufsichtigung oblag, kaufte nicht nur viel hinzu, sondern erweiterte auch.

Seite 82/83: „Erhabenes verehrend, Schönes genießend, Gutes wirkend", umschrieb Goethe Tiefurts Geist, der die Einrichtung des Schlösschens und die Gestaltung des Parks bestimmte.

Linke Seite:
Die Anfänge des Tiefurter Parks gehen auf Anna Amalias früh verstorbenen Sohn Constantin und dessen Erzieher Karl Ludwig von Knebel zurück. Die Herzoginmutter vollendete die Anlage und bereicherte sie um eine Fülle von Denkmälern – darunter auch den Freundschaftstempel mit dem Standbild Polyhymnias, der Muse des Gesangs.

Zu den „großen und guten Geistern“ des Tiefurter Schlösschens gehörten nicht nur Goethe und Wieland, Schiller und Herder, sondern auch die Schriftsteller Germaine de Staël, Sophie La Roche, Jean Paul und Johan Heinrich Voß sowie die Gebrüder Humboldt und viele andere Große ihrer Zeit.

„Mozart und den Musen“ lautet die Inschrift dieses Denkmals im Tiefurter Park, zu dem Heinrich Meyer den Entwurf geliefert hat. Auch Goethe gehörte zu den großen Bewunderern des Komponisten.

Seite 86/87:
Schloss Kromsdorf entstand um 1580. In der zweiten Hälfte des 17. Jahrhunderts kamen, im Osten und Westen, noch je ein Flügel hinzu. Nach der Wiedervereinigung wurde das heruntergekommene Gebäude restauriert. Es beherbergt heute unter anderem ein Restaurant.

1797 ließ sich Christoph Martin Wieland mit „Sack und Pack, Weib, Kind und Kindeskindern" im nordöstlich von Weimar gelegenen Gut Oßmannstedt nieder, um im Rousseau'schen Sinne zu „rustizieren". Auch heute, rund 200 Jahre danach, ist der sprachgewaltige Wort- und Lebenskünstler – siehe auch das erzene Porträt auf dem Bild unten links – noch immer gegenwärtig. So befindet sich hier nicht nur seine letzte Ruhestätte, sondern auch ein ihm gewidmetes kleines Memorialmuseum.

Rechte Seite:
Schloss Ettersburg wurde vor rund 200 Jahren errichtet. Die Schlosskirche kam zwar erst Mitte des 19. Jahrhunderts hinzu, birgt jedoch eine bemerkenswerte Ausstattung. Darunter zwei Grabsteine aus dem Anfang des 14. Jahrhunderts, einen Taufstein von 1487 sowie einen spätgotischen Flügelaltar.

Register

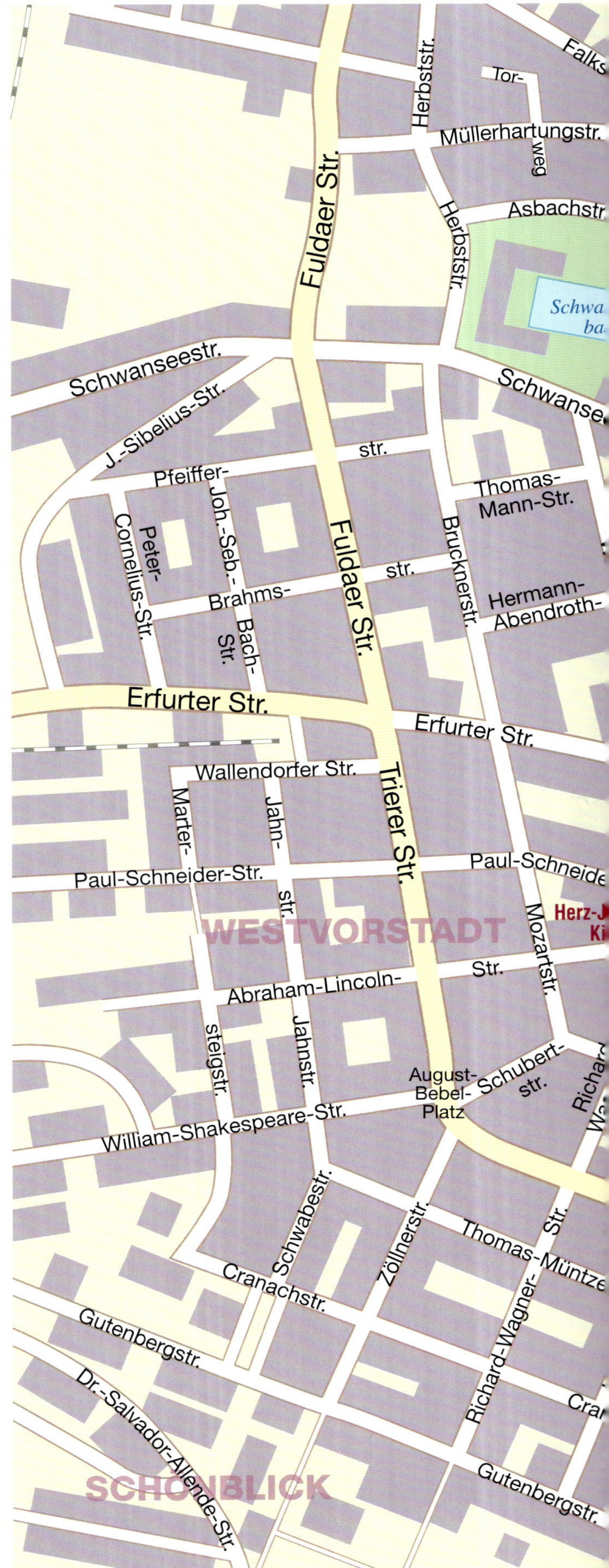

Herbststr.
Müllerhartungstr.
Asbachstr.
Fuldaer Str.
Schwanseestr.
J.-Sibelius-Str.
Pfeiffer-
str.
Thomas-Mann-Str.
Peter-Cornelius-Str.
Joh.-Seb.-Bach-Str.
Brahms-
str.
Brucknerstr.
Hermann-Abendroth-
Erfurter Str.
Wallendorfer Str.
Trierer Str.
Marter-
steigstr.
Jahn-
str.
Paul-Schneider-Str.
WESTVORSTADT
Mozartstr.
Abraham-Lincoln-
Str.
Jahnstr.
August-Bebel-Platz
Schubert-
str.
William-Shakespeare-Str.
Schwabestr.
Zöllnerstr.
Thomas-Müntze
Cranachstr.
Gutenbergstr.
Dr.-Salvador-Allende-Str.
Richard-Wagner-Str.
SCHÖNBLICK

NORDVORSTADT
PARKVORSTADT
Schießhaushölzchen
Weimarhallen-
park
Neues Museum
Rathenau-
platz
Weimar-
platz
Friedrich-Ebert-Str.
Friedensstr.
Am Kirschberg
Ilm
Naumann-
Str.
Friedrich-
Bertuchstr.
Asbachstr.
Ernst-Thälmann-Str.
Karolinenpromenade
Neue Weimarhalle
Stadtmuseum
UNESCO-
Platz
Karl-Liebknecht-
Str.
Rollgasse
Friedensg.
Jakobs-
kirche
Jakobs-
plan
Jakobstr.
Am
Jakobs-
kirchhof
Roll-
platz
Kleine
Kirchg.
Große
Kirchg.
F.-Freiligrath-Str.
Wagnergasse
Brühl
Goethe- u.
Schillerarchiv
Am Schießhaus
Tiefurter Allee
Schwanseestr.
Jakob-
str.
Unter-
graben
Gerberstr.
Graben
Herder-
museum
A.-Schweitzer-
Haus
Kegel-
brücke
Kegel-
platz
Hans-Wahl-Str.
Jenaer Str.
Coudray-
str.
Gerhart-
Hauptmann-
Str.
Goetheplatz
Kasseturm
Kl. Teichg.
Karlstr.
Teichg.
St. Peter u.
Paul-K.
Marstall-
str.
Vorwerksg.
Herder-
platz
Richard-
Strauss-Str.
Geleit-
Eisfeld
Mostg.
Residenz-
schloss
Rothäuserbergweg
Musäusstr.
Wieland-
str.
Bauhaus-
museum
Ritterg.
Kaufstr.
Schlossg.
Burg-
platz
Sternbrücke
Theaterhaus
Weimar
Heinrich-
Heine-Str.
Theater-
platz
Zeughof
Weimar-
haus
Marktstr.
Erfurter Str.
Deutsches
Nationaltheater
Dingel-
stedtstr.
Wittums-
palais
Windischenstr.
Rathaus
Markt
Grüner
Markt
Cranachhaus
Leibnizallee
Sophien-
stiftsplatz
Hummelstr.
Schillerstr.
Schillerhaus
Frauentorstr.
Platz der
Demokratie
Grünes Schloss
Steubenstr.
Gropiusstr.
Hegelstr.
Schützeng.
Brauhausg.
Puschkinstr.
Am Horn
Lisztstr.
Frauen-
plan
Seifengasse
Haus der
Frau von Stein
Steubenstr.
Goethe-
National-
museum
Ackerwand
Park
Wieland-
platz
Beethoven-
platz
Prellerstr.
Schubertstr.
Otto-Bartning-Str.
Marienstr.
Humboldtstr.
Amalienstr.
Hegelstr.
Corona-Schröter-Weg
Goethes
Gartenhaus
Ruine
Tempelherrenhaus
an der
Museum für Ur- u.
Frühgeschichte
Henßstr.
Humboldtstr.
Am
Poseckschen
Garten
Liszthaus
Geschw.-
Scholl-Str.
Lisztdenkmal
Ilm
Belvederer Alleee
Haus
Am Horn
Am Horn
Theodor-
Hagen-Weg
Goethe- u.
Schiller-Gruft
Karl-Hauß-
knecht-Str.
Str.
Breitscheid-
Rudolf-
Bauhausstr.
Dux-
garten
Ilm
Cranachstr.

Das Schillerhaus ist nicht besonders schwer zu erkennen. Mag doch der Dichter – neugierig, was sich unten auf der Straße tut – seinen Platz am Fenster gar nicht mehr verlassen.

Umschlag vorne:
Oben:
„Übermütig sieht's nicht aus / Dieses stille Gartenhaus. / Allen, die darin verkehrt, / Ward ein stiller Mut beschert", reimte Goethe über sein Gartenhaus an der Ilm.

Unten:
Nachdem Schiller am 29. April 1802 sein Haus an der Esplanade bezogen hatte, schrieb er an seinen Verleger: „Ich habe nun alle Gedanken an ein Weggehen von Weimar aufgegeben und denke hier zu leben und zu sterben." Im Vordergrund der Gänsemännchenbrunnen.

Umschlag hinten:
Schloss Tiefurt war ursprünglich ein Kammerguts-Pächterhaus, das 1776 umgebaut und von 1781 bis 1806 von der Herzogin Anna Amalia als Sommersitz genutzt wurde.

Impressum

Buchgestaltung
hoyerdesign grafik gmbh, Freiburg
www.hoyerdesign.de

Karte
Fischer Kartografie, Aichach

Printed in Germany
Repro: Artilitho snc, Lavis-Trento, Italien
www.artilitho.com
Druckerei Uhl GmbH & Co. KG,
Radolfzell am Bodensee

ISBN 978-3-88189-008-3

Unser gesamtes Programm finden Sie unter:
www.verlagshaus.com

IN DIESEM HAUSE WOHNTE
LUCAS CRANACH D.Ä.
VON 1552 BIS ZU SEINEM TODE
AM 16. OKTOBER 1553